Dreiband billard: Halbe Tischkreismuster

Von professionellen Meisterschaftsturnieren

Testen Sie sich gegen professionelle Spieler

Allan P. Sand
PBIA Zertifizierter Billardlehrer

ISBN 978-1-62505-299-5
PRINT 7x10

ISBN 978-1-62505-453-1
PRINT 8.5x11

First edition

Copyright © 2019 Allan P. Sand

All rights reserved under International and Pan-American Copyright Conventions.

Published by Billiard Gods Productions.
Santa Clara, CA 95051
U.S.A.

For the latest information about books and videos, go to: http://www.billiardgods.com

Acknowledgements

Wei Chao created the software that was used to create these graphics.

Inhaltsverzeichnis

Einführung..**1**
Über die Konfigurationen 1
Anweisungen zum Einrichten der Tisch 2
Zweck der Diagramme...2
A: Grundlegender halber Tischkreis **3**
A: Gruppe 1 3
A: Gruppe 2 8
A: Gruppe 3 13
A: Gruppe 4 18
A: Gruppe 5 23
A: Gruppe 6 28
A: Gruppe 7 33
A: Gruppe 8 38
B: In und aus einer kleinen Ecke **43**
B: Gruppe 1 43
B: Gruppe 2 48
B: Gruppe 3 53
C: In eine kleine Ecke **58**
C: Gruppe 1 58
C: Gruppe 2 63
D: Innen umgekehrt **68**
D: Gruppe 1 68
D: Gruppe 2 73
D: Gruppe 3 78
D: Gruppe 4 83
D: Gruppe 5 88
D: Gruppe 6 93
E: Erweitertes Bein **98**
E: Gruppe 1 98
E: Gruppe 2 103
F: Verlängertes Bein (extra lang) **108**
F: Gruppe 1 108
F: Gruppe 2 113
F: Gruppe 3 118

Other books by the author …

- 3 Cushion Billiards Championship Shots (a series)
- Carom Billiards: Some Riddles & Puzzles
- Carom Billiards: MORE Riddles & Puzzles
- Why Pool Hustlers Win
- Table Map Library
- Safety Toolbox
- Cue Ball Control Cheat Sheets
- Advanced Cue Ball Control Self-Testing Program
- Drills & Exercises for Pool & Pocket Billiards
- The Art of War versus The Art of Pool
- The Psychology of Losing – Tricks, Traps & Sharks
- The Art of Team Coaching
- The Art of Personal Competition
- The Art of Politics & Campaigning
- The Art of Marketing & Promotion
- Kitchen God's Guide for Single Guys

Einführung

Dies ist eines aus einer Reihe von Billard-Büchern, die zeigen, wie professionelle Spieler basierend auf der Ballkonfiguration Entscheidungen treffen. Jede Konfiguration stammt von internationalen Wettbewerben.

Diese Probleme bringen Sie in den Kopf des Spielers, beginnend mit den Ballpositionen in der ersten Konfiguration. Die zweite Konfiguration zeigt, wozu der Player sich entschieden hat.

Über die Konfigurationen

Dies sind die drei Bälle auf dem Tisch:

Ⓐ (CB) (deine Billardkugel)

⊙ (OB) (Gegner Billardkugel)

● (OB) (rote Billardkugel)

Jede Konfiguration hat zwei Layouts. Die erste Konfiguration ist die Position der Kugeln. Die zweite Konfiguration zeigt, wie sich die Kugeln auf dem Tisch bewegen.

Anweisungen zum Einrichten der Tisch

Verwenden Sie Papierbinderringe, um die Ballpositionen zu markieren (kaufen Sie in jedem Bürofachgeschäft).

Legen Sie eine Münze auf jedes Tischkissen, das das (CB) berührt.

Vergleichen Sie Ihren (CB) Pfad mit der zweiten Tischkonfiguration. Um zu lernen, benötigen Sie möglicherweise mehrere Versuche. Nehmen Sie nach jedem Fehler eine Anpassung vor und versuchen Sie es erneut, bis Sie erfolgreich sind.

Zweck der Diagramme

Diese Layouts werden für zwei Zwecke bereitgestellt.

- Ihre Analyse - Zu Hause können Sie überlegen, wie Sie die Konfiguration in der ersten Tisch spielen. Vergleichen Sie Ihre Ideen mit dem tatsächlichen Muster auf der zweiten Tisch. Denken Sie über Ihre Lösung nach und überlegen Sie sich die Optionen. Aus der zweiten Tisch können Sie auch analysieren, wie Sie dem Muster folgen. Mental spielen Sie den Schuss und entscheiden Sie, wie Sie erfolgreich sein können.

- Üben Sie die Tischkonfiguration - Legen Sie die Kugeln gemäß der ersten Tischkonfiguration in Position. Versuchen Sie, genauso zu schießen wie das zweite Tischmuster. Sie können viele Versuche benötigen, bevor Sie die richtige Art zu spielen finden. So können Sie diese Aufnahmen bei Wettbewerben und Turnieren lernen und spielen.

Die Kombination aus mentaler Analyse und praktischer Übung wird Sie zu einem intelligenteren Spieler machen.

A: Grundlegender halber Tischkreis

Der (CB) kommt vom ersten (OB) und in drei band. Wenn das (CB) aus dem dritten band herauskommt, kontaktiert es das andere (OB).

Ⓐ (CB) (Ihre Billardkugel) - ⊙ (OB) (Gegner Billardkugel) - ● (OB) (rote Billardkugel)

A: Gruppe 1

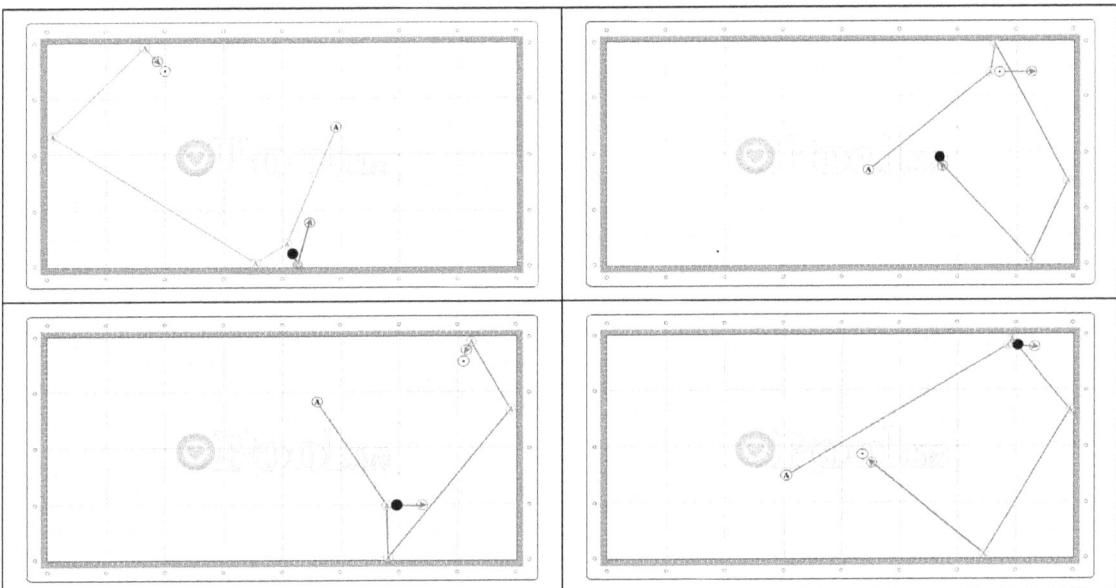

Analyse:

A:1a. _____

A:1b. _____

A:1c. _____

A:1d. _____

A:1a – Konfiguration

Notizen und Ideen:

Schussmuster

A:1b – Konfiguration

Notizen und Ideen:

Schussmuster

A:1c – Konfiguration

Notizen und Ideen:

Schussmuster

A:1d – Konfiguration

Notizen und Ideen:

Schussmuster

A: Gruppe 2

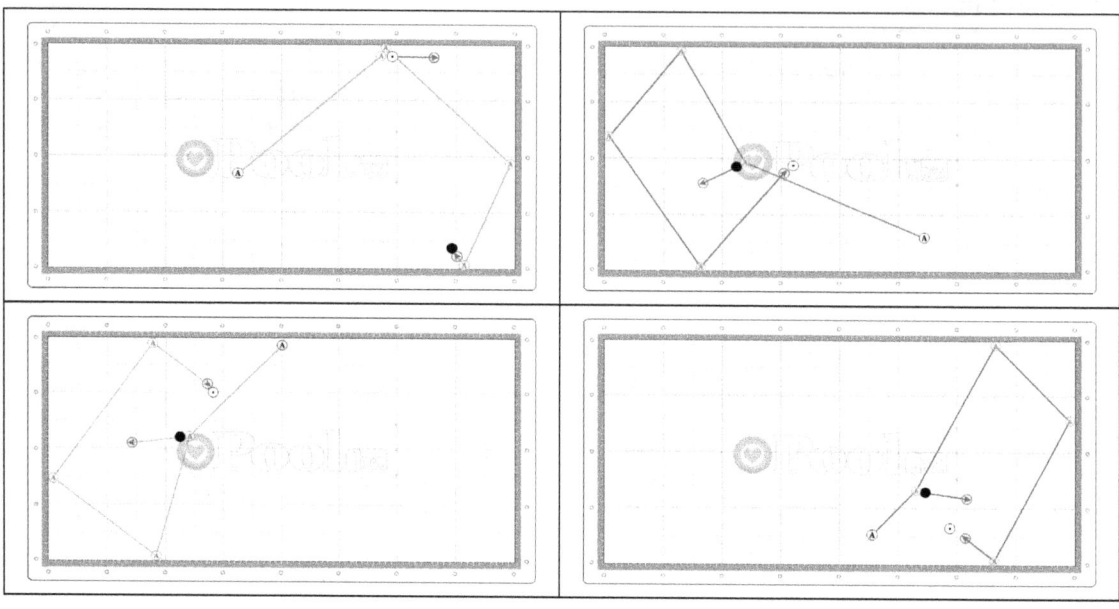

Analyse:

A:2a. _____

A:2b. _____

A:2c. _____

A:2d. _____

A:2a – Konfiguration

Notizen und Ideen:

Schussmuster

A:2b – Konfiguration

Notizen und Ideen:

Schussmuster

A:2c – Konfiguration

Notizen und Ideen:

Schussmuster

A:2d – Konfiguration

Notizen und Ideen:

Schussmuster

A: Gruppe 3

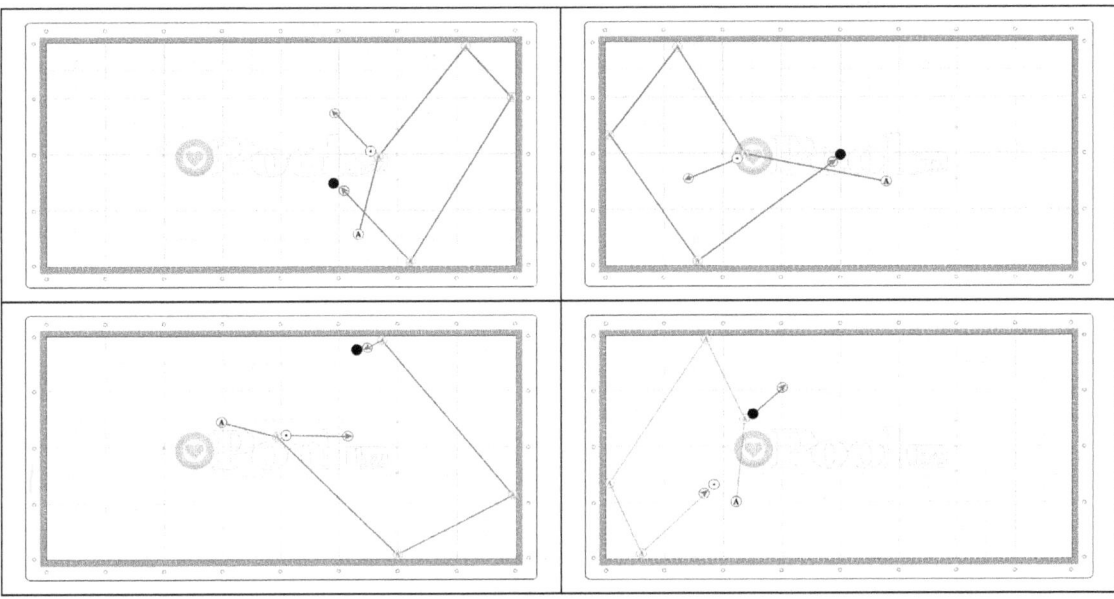

Analyse:

A:3a. _____

A:3b. _____

A:3c. _____

A:3d. _____

A:3a – Konfiguration

Notizen und Ideen:

Schussmuster

A:3b – Konfiguration

Notizen und Ideen:

Schussmuster

A:3c – Konfiguration

Notizen und Ideen:

Schussmuster

A:3d – Konfiguration

Notizen und Ideen:

Schussmuster

A: Gruppe 4

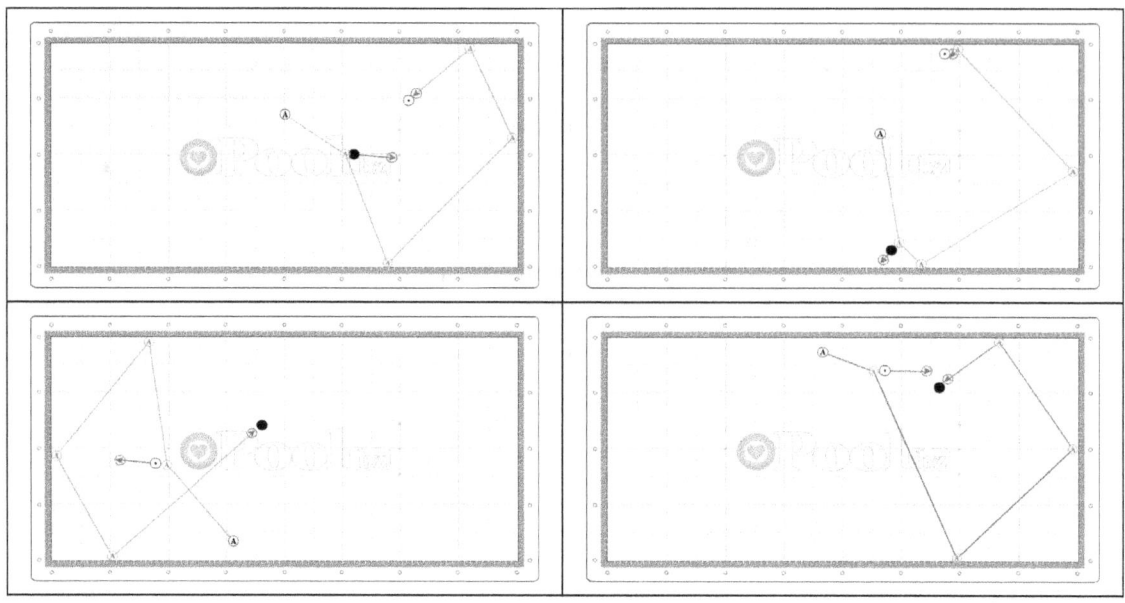

Analyse:

A:4a. _____

A:4b. _____

A:4c. _____

A:4d. _____

A:4a – Konfiguration

Notizen und Ideen:

Schussmuster

A:4b – Konfiguration

Notizen und Ideen:

Schussmuster

A:4c – Konfiguration

Notizen und Ideen:

Schussmuster

A:4d – Konfiguration

Notizen und Ideen:

Schussmuster

A: Gruppe 5

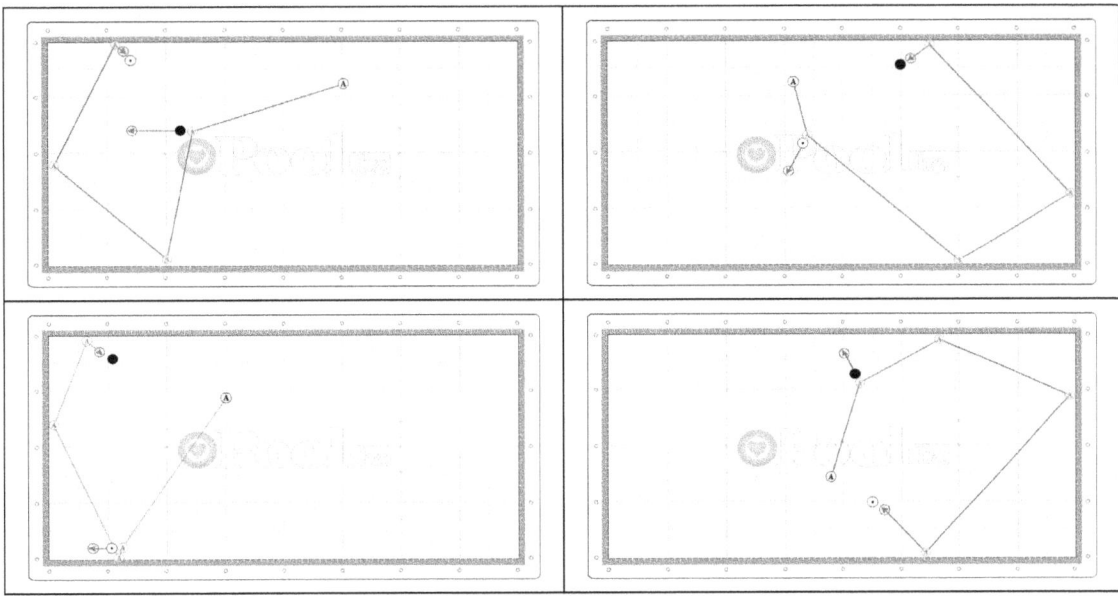

Analyse:

A:5a. _____

A:5b. _____

A:5c. _____

A:5d. _____

A:5a – Konfiguration

Notizen und Ideen:

Schussmuster

A:5b – Konfiguration

Notizen und Ideen:

Schussmuster

A:5c – Konfiguration

Notizen und Ideen:

Schussmuster

A:5d – Konfiguration

Notizen und Ideen:

Schussmuster

A: Gruppe 6

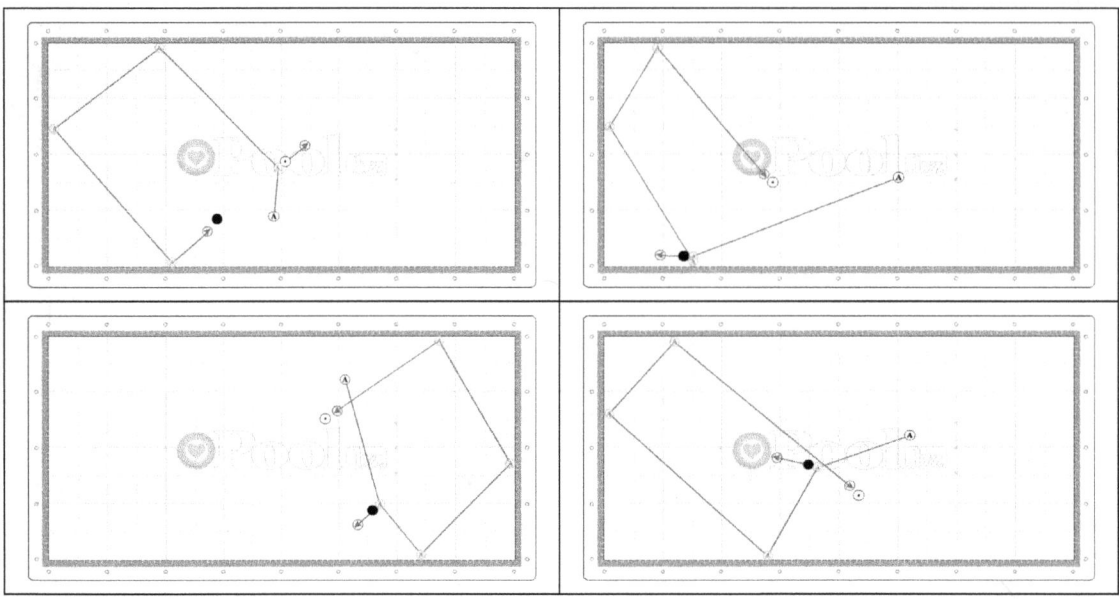

Analyse:

A:6a. _____

A:6b. _____

A:6c. _____

A:6d. _____

A:6a – Konfiguration

Notizen und Ideen:

Schussmuster

A:6b – Konfiguration

Notizen und Ideen:

Schussmuster

A:6c – Konfiguration

Notizen und Ideen:

Schussmuster

A:6d – Konfiguration

Notizen und Ideen:

Schussmuster

A: Gruppe 7

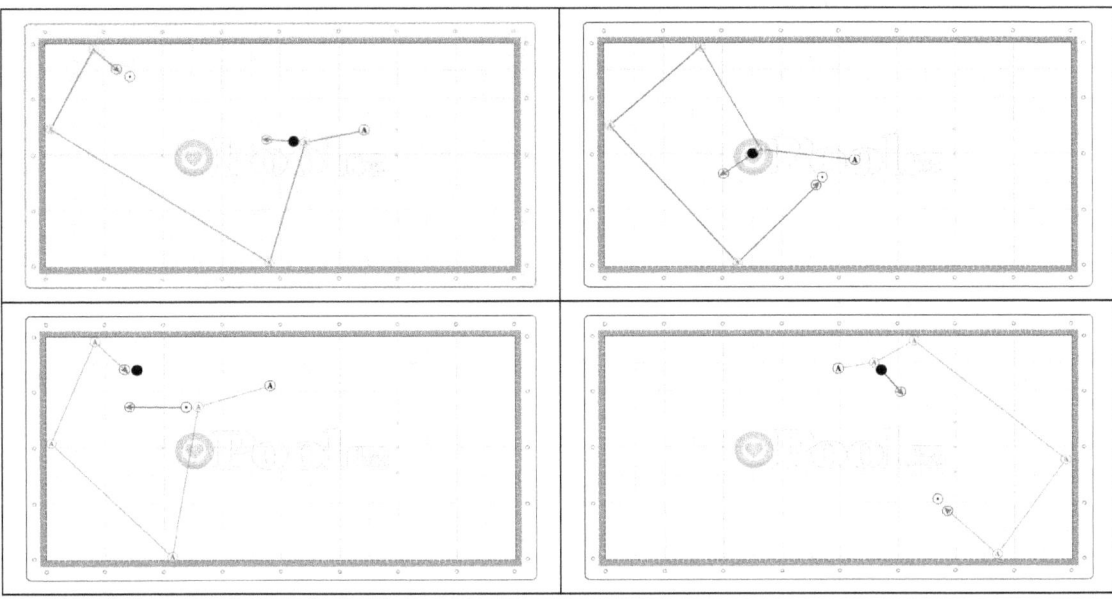

Analyse:

A:7a. _____

A:7b. _____

A:7c. _____

A:7d. _____

A:7a – Konfiguration

Notizen und Ideen:

Schussmuster

A:7b – Konfiguration

Notizen und Ideen:

Schussmuster

A:7c – Konfiguration

Notizen und Ideen:

Schussmuster

A:7d – Konfiguration

Notizen und Ideen:

Schussmuster

A: Gruppe 8

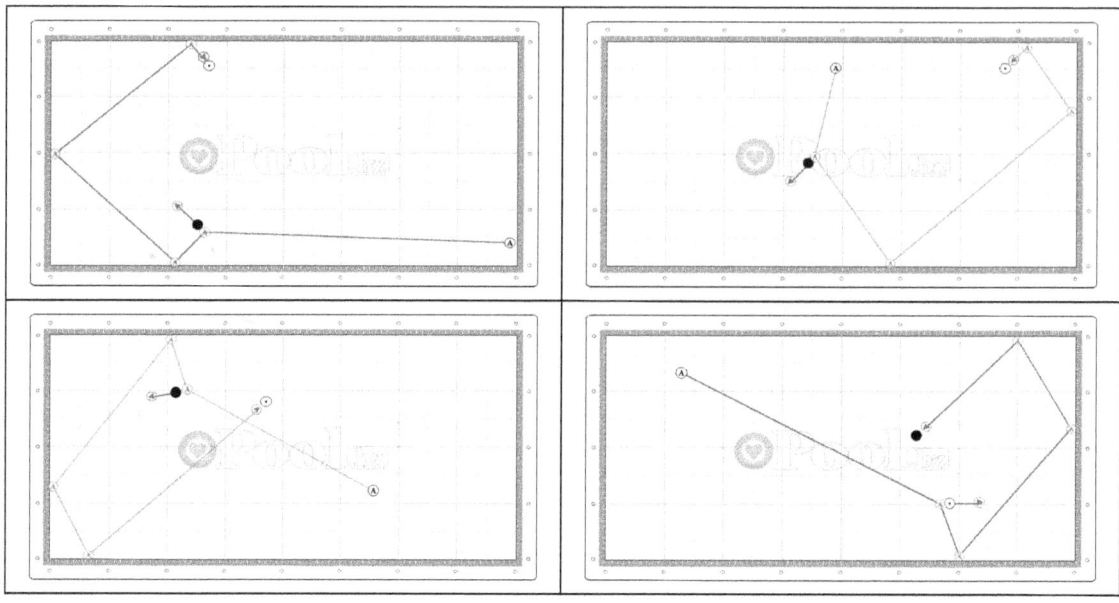

Analyse:

A:8a. _____

A:8b. _____

A:8c. _____

A:8d. _____

A:8a – Konfiguration

Notizen und Ideen:

Schussmuster

A:8b – Konfiguration

Notizen und Ideen:

Schussmuster

A:8c – Konfiguration

Notizen und Ideen:

Schussmuster

A:8d – Konfiguration

Notizen und Ideen:

Schussmuster

B: In und aus einer kleinen Ecke

Der (CB) kommt vom ersten (OB) in das lange band. Es kommt vom langen band und in die Ecke für die nächsten zwei band. Wenn das (CB) aus der Ecke kommt, kontaktiert es das andere (OB).

(A) (CB) (Ihre Billardkugel) - (•) (OB) (Gegner Billardkugel) - ● (OB) (rote Billardkugel)

B: Gruppe 1

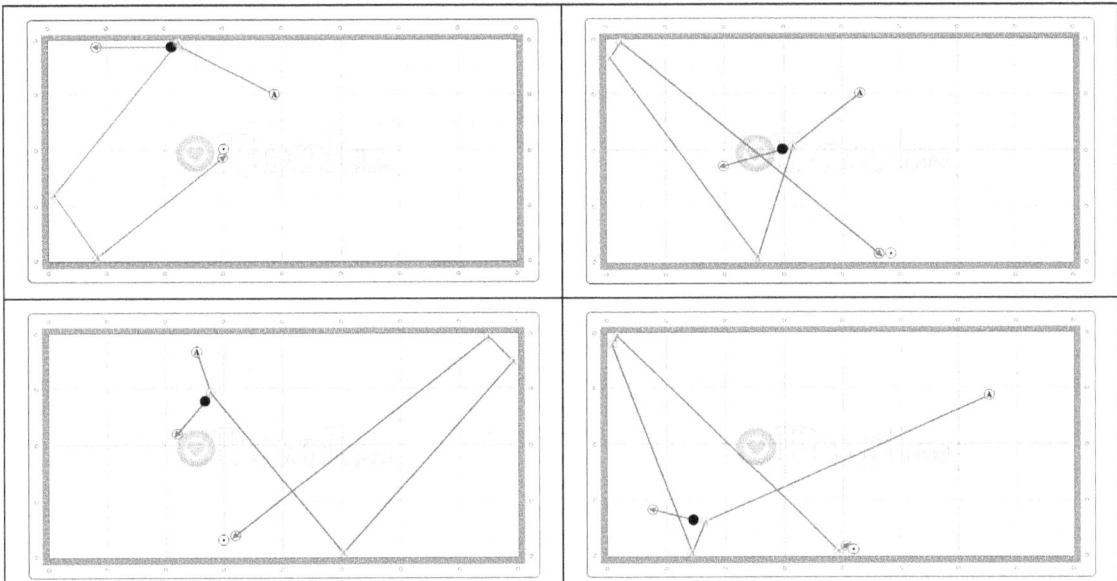

Analyse:

B:1a. _____

B:1b. _____

B:1c. _____

B:1d. _____

B:1a – Konfiguration

Notizen und Ideen:

Schussmuster

B:1b – Konfiguration

Notizen und Ideen:

Schussmuster

B:1c – Konfiguration

Notizen und Ideen:

Schussmuster

B:1d – Konfiguration

Notizen und Ideen:

Schussmuster

B: Gruppe 2

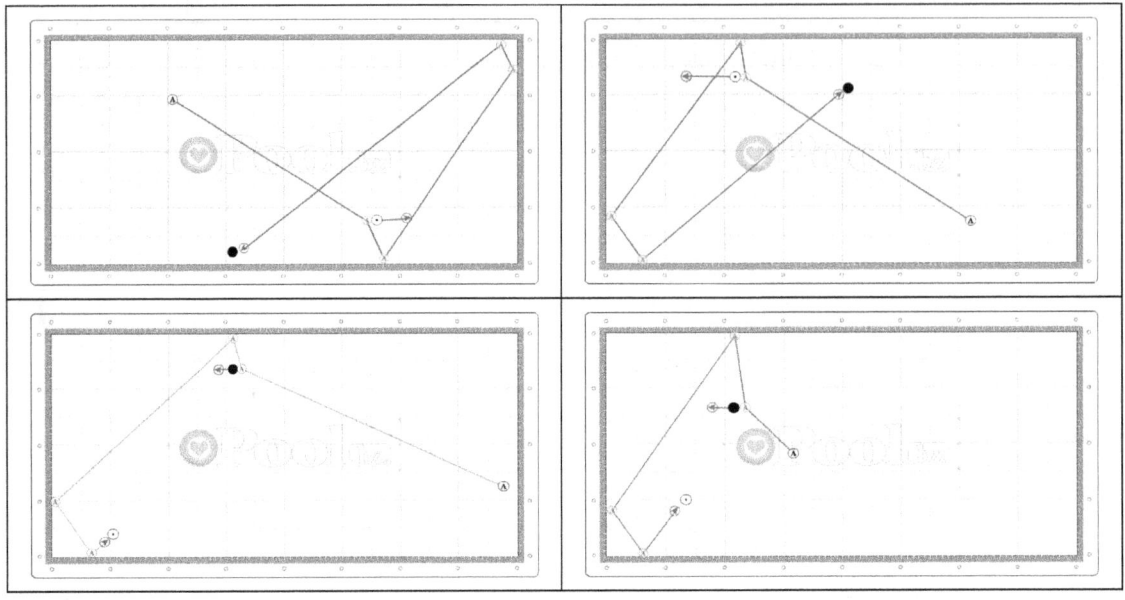

Analyse:

B:2a. _____

B:2b. _____

B:2c. _____

B:2d. _____

B:2a – Konfiguration

Notizen und Ideen:

Schussmuster

B:2b – Konfiguration

Notizen und Ideen:

Schussmuster

B:2c – Konfiguration

Notizen und Ideen:

Schussmuster

B:2d – Konfiguration

Notizen und Ideen:

Schussmuster

B: Gruppe 3

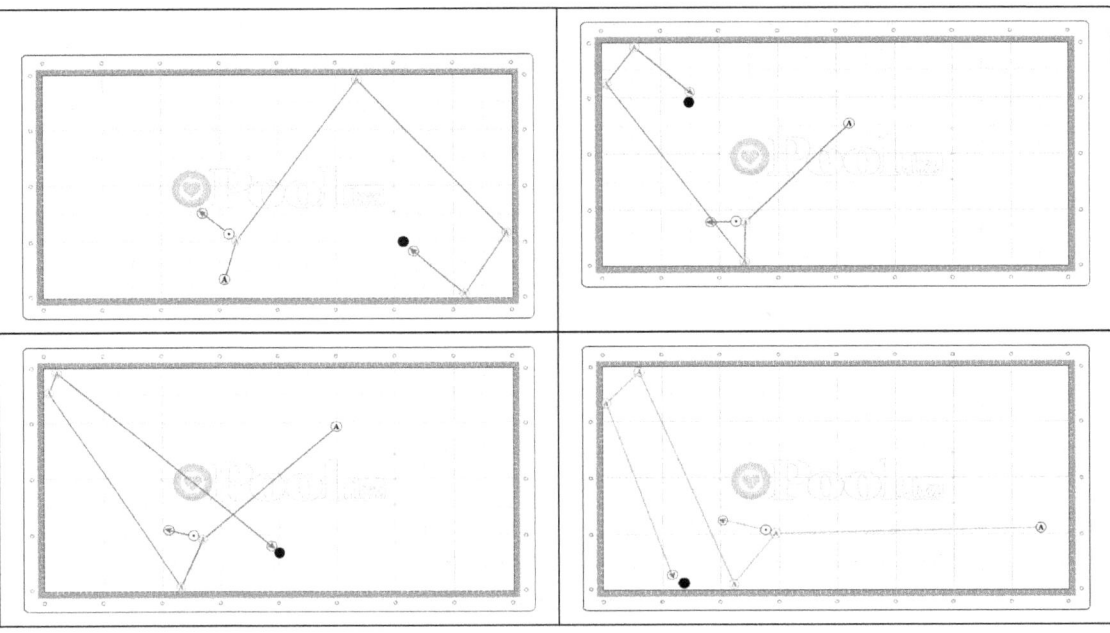

Analyse:

B:3a. _____

B:3b. _____

B:3c. _____

B:3d. _____

B:3a – Konfiguration

Notizen und Ideen:

Schussmuster

B:3b – Konfiguration

Notizen und Ideen:

Schussmuster

B:3c – Konfiguration

Notizen und Ideen:

Schussmuster

B:3d – Konfiguration

Notizen und Ideen:

Schussmuster

C: In eine kleine Ecke

Der (CB) kommt vom ersten (OB) in die Ecke für die ersten beiden band. Wenn der (CB) aus der Ecke kommt, geht es zum gegenüberliegenden langen band. Das (CB) kommt dann aus dem langen band und in das andere (OB).

Ⓐ (CB) (Ihre Billardkugel) - ⊙ (OB) (Gegner Billardkugel) - ● (OB) (rote Billardkugel)

C: Gruppe 1

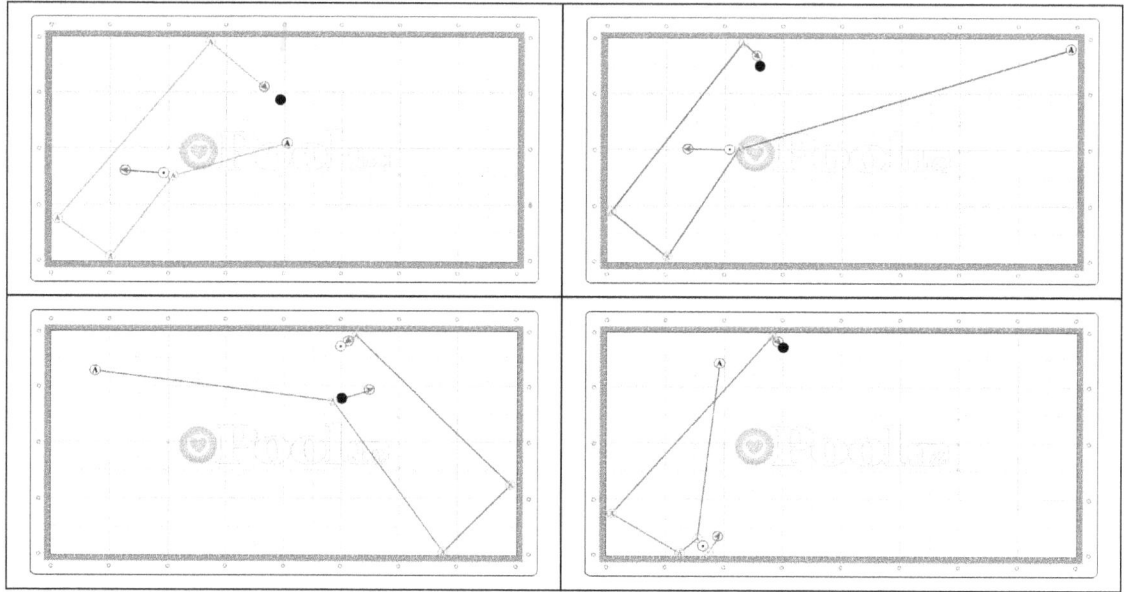

Analyse:

C:1a. _____

C:1b. _____

C:1c. _____

C:1d. _____

C:1a – Konfiguration

Notizen und Ideen:

Schussmuster

C:1b – Konfiguration

Notizen und Ideen:

Schussmuster

C:1c – Konfiguration

Notizen und Ideen:

Schussmuster

C:1d – Konfiguration

Notizen und Ideen:

Schussmuster

C: Gruppe 2

Analyse:

C:2a. _____

C:2b. _____

C:2c. _____

C:2d. _____

C:2a – Konfiguration

Notizen und Ideen:

Schussmuster

C:2b – Konfiguration

Notizen und Ideen:

Schussmuster

C:2c – Konfiguration

Notizen und Ideen:

Schussmuster

C:2d – Konfiguration

Notizen und Ideen:

Schussmuster

D: Innen umgekehrt

Der (CB) kommt vom ersten (OB) zum ersten band mit Seiten- und Rückwärtsdrehung.

Ⓐ (CB) (Ihre Billardkugel) - ⊙ (OB) (Gegner Billardkugel) - ● (OB) (rote Billardkugel)

D: Gruppe 1

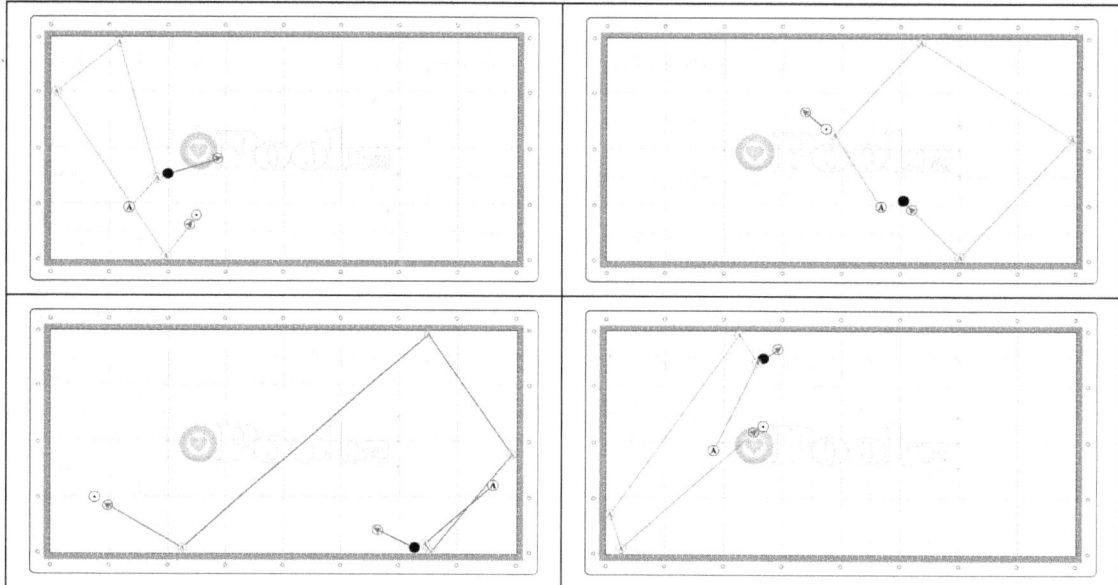

Analyse:

D:1a. _____

D:1b. _____

D:1c. _____

D:1d. _____

D:1a – Konfiguration

Notizen und Ideen:

Schussmuster

D:1b – Konfiguration

Notizen und Ideen:

Schussmuster

D:1c – Konfiguration

Notizen und Ideen:

Schussmuster

D:1d – Konfiguration

Notizen und Ideen:

Schussmuster

D: Gruppe 2

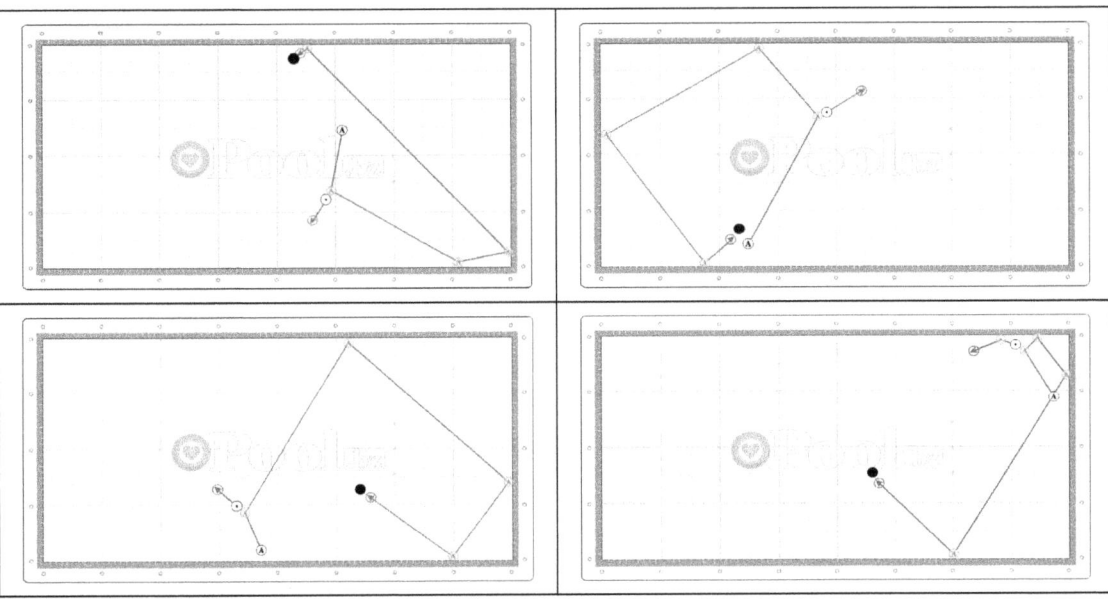

Analyse:

D:2a. _____

D:2b. _____

D:2c. _____

D:2d. _____

D:2a – Konfiguration

Notizen und Ideen:

Schussmuster

D:2b – Konfiguration

Notizen und Ideen:

Schussmuster

D:2c – Konfiguration

Notizen und Ideen:

Schussmuster

D:2d – Konfiguration

Notizen und Ideen:

Schussmuster

D: Gruppe 3

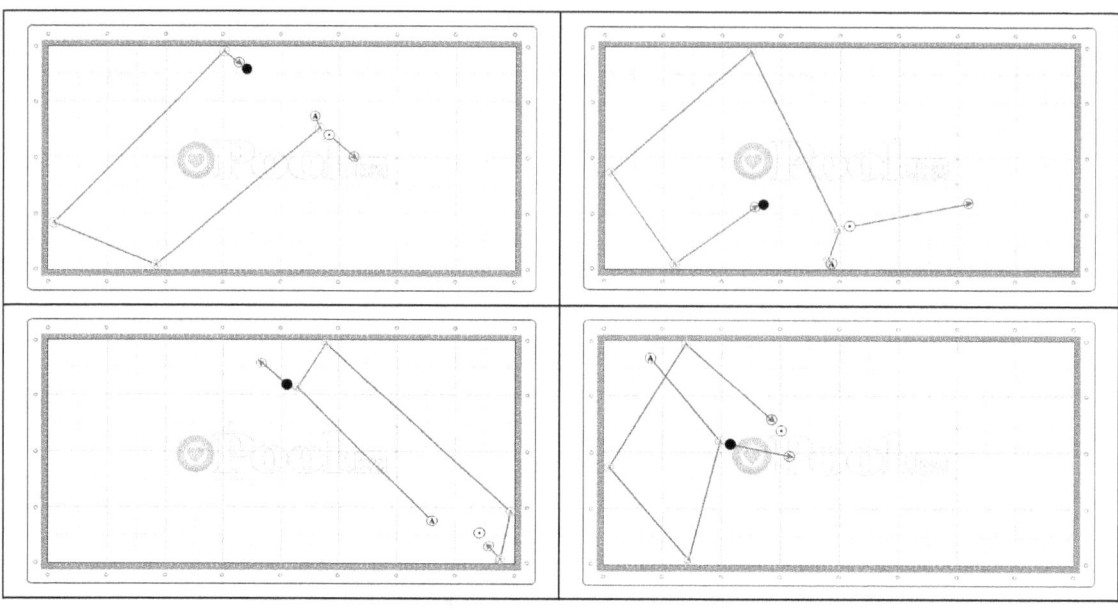

Analyse:

D:3a. _____

D:3b. _____

D:3c. _____

D:3d. _____

D:3a – Konfiguration

Notizen und Ideen:

Schussmuster

D:3b – Konfiguration

Notizen und Ideen:

Schussmuster

D:3c – Konfiguration

Notizen und Ideen:

Schussmuster

D:3d – Konfiguration

Notizen und Ideen:

Schussmuster

D: Gruppe 4

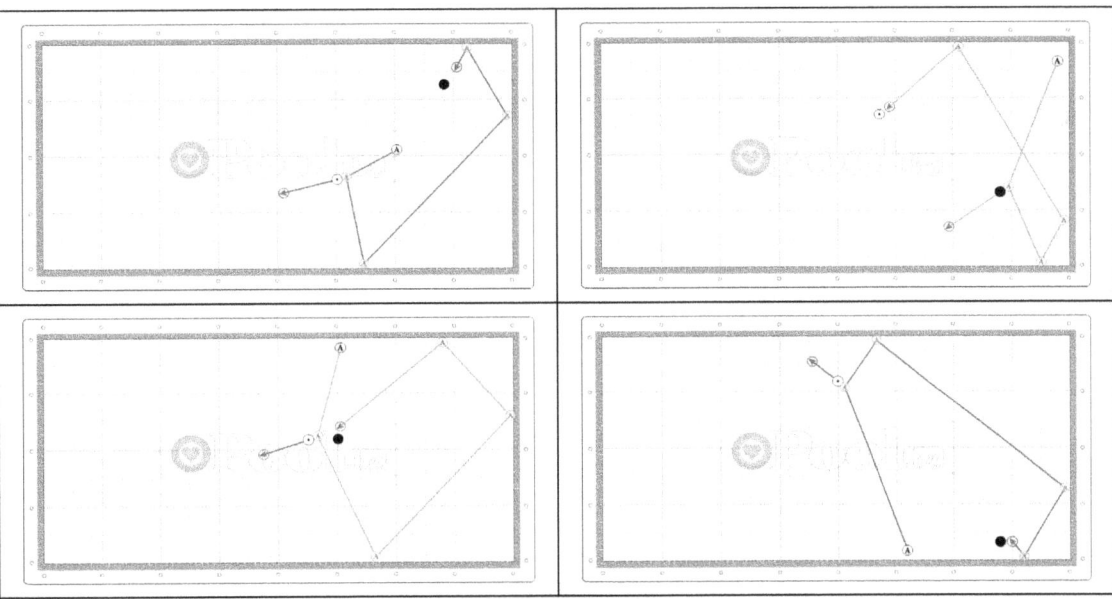

Analyse:

D:4a. _____

D:4b. _____

D:4c. _____

D:4d. _____

D:4a – Konfiguration

Notizen und Ideen:

Schussmuster

D:4b – Konfiguration

Notizen und Ideen:

Schussmuster

D:4c – Konfiguration

Notizen und Ideen:

Schussmuster

D:4d – Konfiguration

Notizen und Ideen:

Schussmuster

D: Gruppe 5

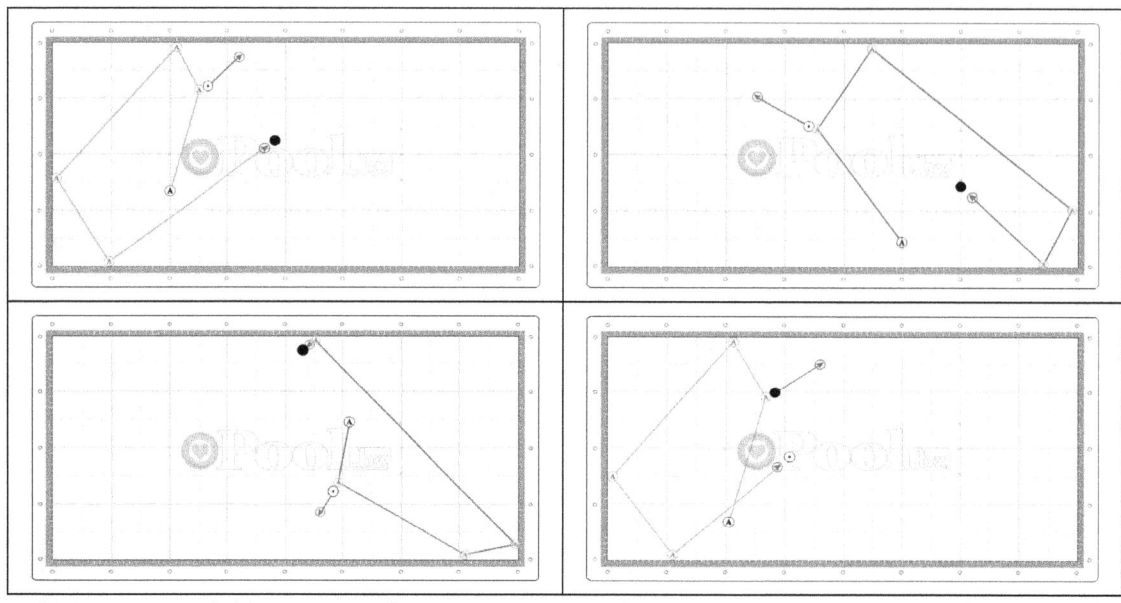

Analyse:

D:5a. _____

D:5b. _____

D:5c. _____

D:5d. _____

D:5a – Konfiguration

Notizen und Ideen:

Schussmuster

D:5b – Konfiguration

Notizen und Ideen:

Schussmuster

D:5c – Konfiguration

Notizen und Ideen:

Schussmuster

D:5d – Konfiguration

Notizen und Ideen:

Schussmuster

D: Gruppe 6

Analyse:

D:6a. _____

D:6b. _____

D:6c. _____

D:6d. _____

D:6a – Konfiguration

Notizen und Ideen:

Schussmuster

D:6b – Konfiguration

Notizen und Ideen:

Schussmuster

D:6c – Konfiguration

Notizen und Ideen:

Schussmuster

D:6d – Konfiguration

Notizen und Ideen:

Schussmuster

E: Erweitertes Bein

Das (CB) kommt vom ersten (OB) und folgt dem Halbkreismuster. Der dritte Teil des Musters befindet sich außerhalb des Halbtischbereichs.

Ⓐ (CB) (Ihre Billardkugel) - ⊙ (OB) (Gegner Billardkugel) - ● (OB) (rote Billardkugel)

E: Gruppe 1

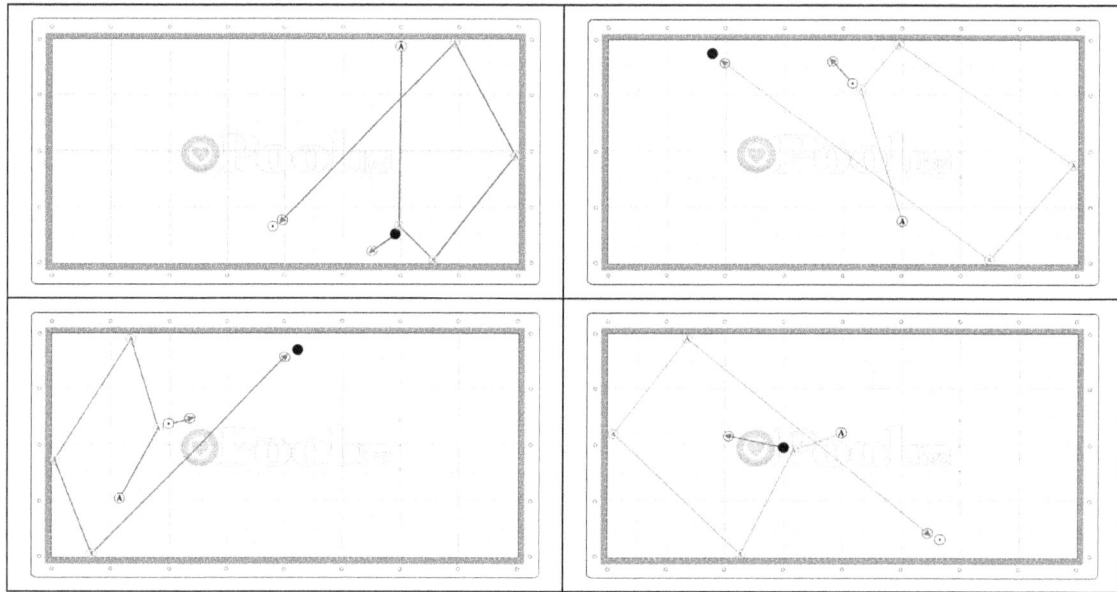

Analyse:

E:1a. _____

E:1b. _____

E:1c. _____

E:1d. _____

E:1a – Konfiguration

Notizen und Ideen:

Schussmuster

E:1b – Konfiguration

Notizen und Ideen:

Schussmuster

E:1c – Konfiguration

Notizen und Ideen:

Schussmuster

E:1d – Konfiguration

Notizen und Ideen:

Schussmuster

E: Gruppe 2

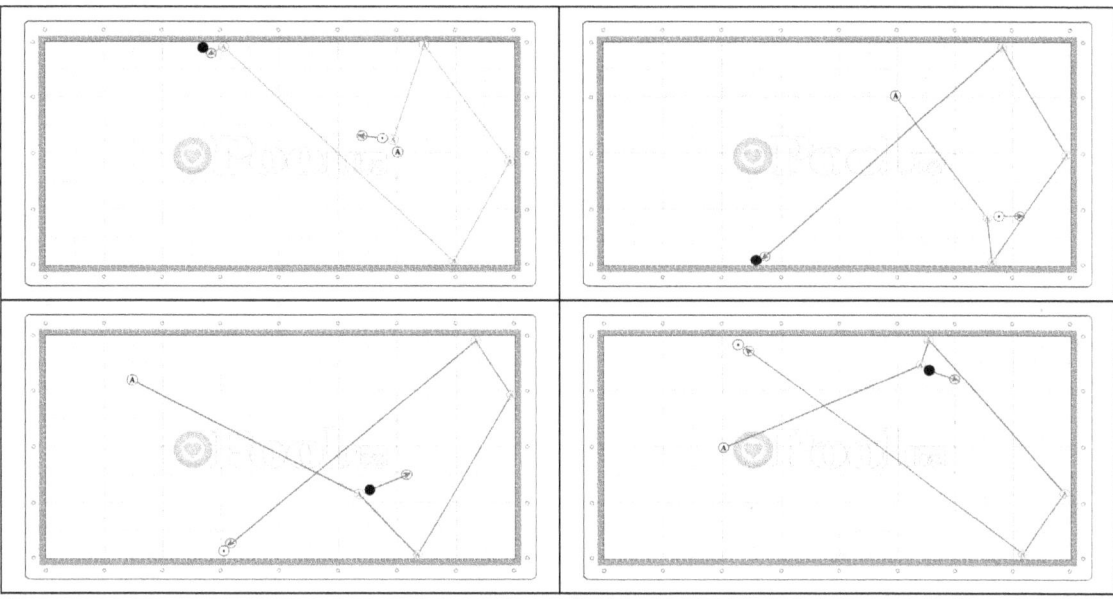

Analyse:

E:2a. _____

E:2b. _____

E:2c. _____

E:2d. _____

E:2a – Konfiguration

Notizen und Ideen:

Schussmuster

E:2b – Konfiguration

Notizen und Ideen:

Schussmuster

E:2c – Konfiguration

Notizen und Ideen:

Schussmuster

E:2d – Konfiguration

Notizen und Ideen:

Schussmuster

F: Verlängertes Bein (extra lang)

Das (CB) kommt vom ersten (OB) und folgt dem regulären Halbkreismuster. Der (CB) fährt in die andere Hälfte des Tisches. Diese Beispiele zeigen das (CB) in das lange band und dann zum anderen Ende des Tisches für das andere (OB).

Ⓐ (CB) (Ihre Billardkugel) - ⊙ (OB) (Gegner Billardkugel) - ● (OB) (rote Billardkugel)

F: Gruppe 1

Analyse:

F:1a. _____

F:1b. _____

F:1c. _____

F:1d. _____

F:1a – Konfiguration

Notizen und Ideen:

Schussmuster

F:1b – Konfiguration

Notizen und Ideen:

Schussmuster

F:1c – Konfiguration

Notizen und Ideen:

Schussmuster

F:1d – Konfiguration

Notizen und Ideen:

Schussmuster

F: Gruppe 2

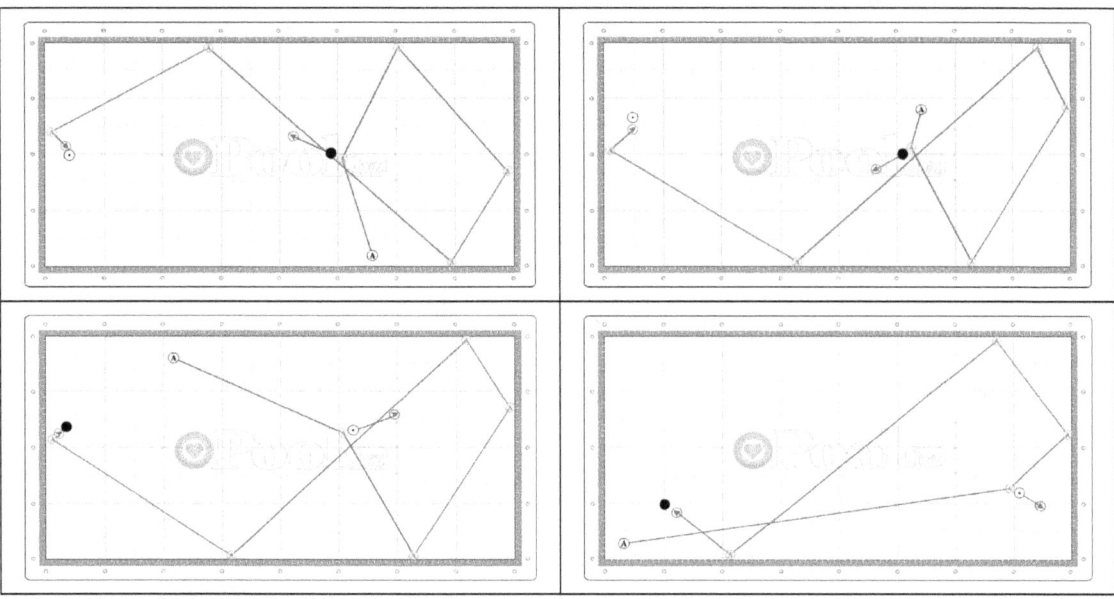

Analyse:

F:2a. _____

F:2b. _____

F:2c. _____

F:2d. _____

F:2a – Konfiguration

Notizen und Ideen:

Schussmuster

F:2b – Konfiguration

Notizen und Ideen:

Schussmuster

F:2c – Konfiguration

Notizen und Ideen:

Schussmuster

F:2d – Konfiguration

Notizen und Ideen:

Schussmuster

F: Gruppe 3

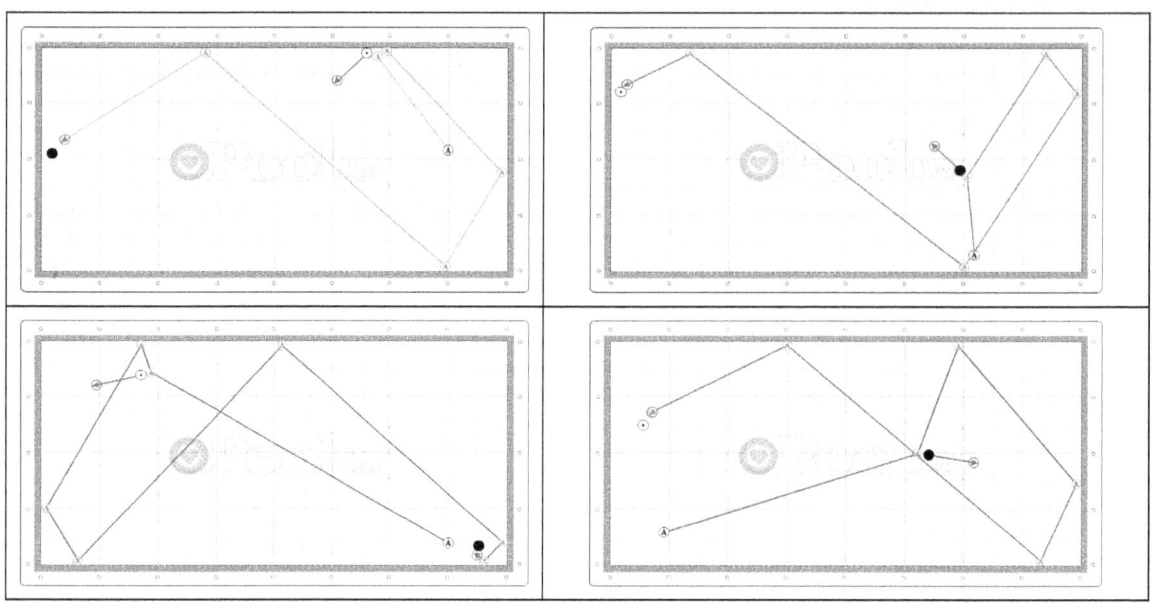

Analyse:

F:3a. _____

F:3b. _____

F:3c. _____

F:3d. _____

F:3a – Konfiguration

Notizen und Ideen:

Shot Patter

F:3b – Konfiguration

Notizen und Ideen:

Schussmuster

F:3c – Konfiguration

Notizen und Ideen:

Schussmuster

F:3d – Konfiguration

Notizen und Ideen:

Schussmuster